« NE PEREANT... »

C'est pour que ces souvenirs ne disparaissent pas, « ne pereant », *qu'il convenait d'écrire cette simple histoire de* « Nos Origines » *dont la publication s'achève avec le présent numéro du journal.*

Qui ne se féliciterait que cette suite d'articles ait pu être publiée avant que les derniers témoins de ces débuts de nos œuvres n'aient disparu.

Nos Bulletins Paroissiaux sont les organes tout indiqués pour ce service d'ordre historique.

Nous ne doutons pas que beaucoup de nos paroissiens et des amis de la paroisse n'aient pris soin de conserver ces précieuses notes. Et nous nous proposons bien, pour notre part, de les réunir de telle façon que leur assemblage constitue une sorte de brochure et d'en placer des exemplaires au bon endroit...

La parabole du grain de Senevé a toujours dans l'Eglise sa réalisation — et comment ne pas l'évoquer, en songeant à ces débuts de nos Œuvres des Malmaisons, au terrain vague, à la roulotte... lorsque commence cette année 1924 qui verra notre cher Saint-Hippolyte profiler sa haute tour sur l'avenue de Choisy, dominant une Cité paroissiale déjà si importante et qui le deviendra plus encore?

Et puis, il y a les ouvriers de la première heure (et parmi eux plusieurs sont morts) dont la place devait être marquée avec honneur dans nos annales, encore qu'ils n'aient pas désiré d'humaine récompense.

Dans la plaine, le laboureur s'arrête parfois sur le sillon et sa pensée s'en va, émue et reconnaissante, vers ceux qui les premiers défrichèrent ce sol qu'il ensemence, et où déjà il moissonne... J. G.

déposé à la Bibliothèque Nationale par le Curé de Saint-Hippolyte 27 Av. de Choisy. XIIIme

à titre de document sur la période qui a précédé l'érection de la paroisse

J. Gaston

Curé de S. Hippolyte

16 Juin 1924

Suite d'articles publiés dans l'Ami des Malmaisons
Organe de la paroisse Saint Hippolyte (Paris)
(Sept 1921 - Sept 1923)

NOS ORIGINES

Sous ce titre nous commençons aujourd'hui la publication d'une série d'articles dont l'intérêt paroissial sera d'autant plus apprécié que nos œuvres vont entrer prochainement dans la 25e année de leur existence. Le signataire de ces articles — dont la modestie nous interdit de lever l'anonymat — était assurément qualifié entre tous pour nous donner sur cette période les renseignements à la fois les plus complets et les plus sûrs. J. G.

I. — UN PREMIER GROUPEMENT. LA ROULOTTE

Dans les bonnes familles, on aime garder l'histoire du passé et les plus jeunes se plaisent à questionner les « anciens » pour fixer dans leur mémoire quelques traits intéressants dont le souvenir serait exposé à disparaître avec eux.

Or notre chère paroisse Saint-Hippolyte, si jeune qu'elle soit, a des origines qui commencent à remonter à près d'un quart de siècle !

N'est-il pas temps de les noter et de les confier à l'*Ami des Malmaisons*, afin de ne pas laisser s'effacer le souvenir des efforts nombreux qui, sous la conduite de la Providence, ont rendu possible et préparé l'établissement d'une paroisse dans notre quartier ?

Il y a vingt-cinq ans, cette partie extrême du XIIIe arrondissement était bien déshéritée au point de vue religieux. Ses habitants, trop éloignés des églises Sainte-Anne et Notre-Dame de la Gare, ne pouvaient guère être atteints par l'action paroissiale. Que d'enfants surtout restaient sans baptême et sans aucune formation religieuse !

Quelques-uns apprenaient bien parfois par leurs camarades d'école qu'il existait là-bas, près de la rue de Tolbiac, un patronage où l'on s'amusait beaucoup et où l'on apprenait des choses intéressantes : il y avait une grande cour pour les jeux, de belles salles pour les réunions ; mais cela semblait loin, et la distance à parcourir pour gagner le patronage lui donnait un caractère mystérieux qui n'attirait pas ; seuls, quelques rares bambins plus audacieux partaient en excursion à la recherche de ce fameux « patro » dont les camarades parlaient avec tant de plaisir.

Ils y étaient accueillis avec bonté ; mais le plus souvent ces pauvres enfants ne se sentaient pas chez eux, et parfois aussi quelques difficultés s'opposaient à leur admission au patronage.

M. Enfert qui a consacré toute sa vie, avec un dévouement bien connu, à la fondation et à la direction du Patronage Saint-Joseph de la Maison Blanche, comprit aussitôt la nécessité d'organiser une œuvre distincte de la sienne pour les enfants de ce quartier plus rapproché des fortifications.

Le milieu était très pauvre ; il fallait commencer modestement. D'ailleurs toutes les œuvres marquées au coin de la Providence débutent ainsi.

M. Enfert s'était d'abord contenté d'une petite boutique située rue des Malmaisons et qui avait été laissée libre par un coiffeur ! Ce dernier n'y avait sans doute pas fait fortune ; mais aussi quelle idée d'installer un « salon de coiffure » dans une rue habitée à l'époque presque exclusivement par des chiffonniers, dont le défaut n'est pas d'exagérer le soin de la chevelure ou de la barbe !

Quoiqu'il en soit, c'est là que M. Enfert fit tout d'abord le catéchisme, le dimanche, à un groupe d'enfants trop âgés pour suivre les catéchismes régulièrement établis.

Bientôt il conçut le projet de faire mieux et d'organiser un véritable patronage ; en attendant, on allait jouer sur les fortifications, et c'est sans doute en se rendant de son petit local au grand « plein air » que M. Enfert aperçut un terrain vague situé au bout du passage Raymond et qui s'étendait en profondeur de la rue Gandon à l'avenue de Choisy. Il fallut trouver les différents propriétaires, traiter avec chacun d'eux, puis quêter pour avoir les ressources suffisantes. Dieu savait que sur ce terrain on ferait suivant l'expression de Mgr Amette « du bon travail » et il permit que l'on pût acquérir ce superbe terrain qui devait si bien servir au développement de nos œuvres !

Le terrain acheté, puis nivelé un peu, M. Enfert — dont les premiers collaborateurs furent M. Raoul de Guntz et deux grands jeunes gens de Saint-Joseph, MM. Léger et Lachaise — avait hâte d'ouvrir le « Patronage des Malmaisons », mais il fallait un abri, si modeste fût-il, pour y établir le bureau de la direction, assurer le contrôle des présences, organiser un petit vestiaire, etc... Comme après l'achat du terrain, il eût été difficile de trouver aussitôt de nouvelles offrandes pour entreprendre une construction, M. Enfert eut une ingénieuse idée. Il avait eu l'occasion d'acquérir autrefois une « roulotte » et les belles salles du Patronage Saint-Joseph la laissaient à peu près inutilisée : n'était-ce pas tout à fait ce qu'il fallait comme premier local d'une œuvre qu'on établissait dans un quartier si rapproché des fortifications et de la zone ?

Voilà donc comment le nouveau Patronage doté d'un terrain et d'une roulotte put, le 10 octobre 1897, ouvrir officiellement, je ne dirai pas ses portes, mais plutôt la barrière qui clôturait tant bien que mal le terrain vague de la rue Gandon.

J'ai pu retrouver la première circulaire de l'Œuvre, celle par laquelle M. Enfert en annonçait l'ouverture et invitait à la bénédiction du nouveau Patronage. En voici les parties essentielles :

Monsieur,

J'ai le bonheur de vous annoncer que nous avons ouvert, le dimanche 10 octobre, la nouvelle Section de notre Œuvre que nous désirions depuis si longtemps voir se fonder dans le quartier des Malmaisons.

Déjà le nouveau Patronage réunit un grand nombre d'enfants de ce quartier pauvre dans le terrain vague situé 25, rue Gandon où nous n'avons encore pour tout abri que la roulotte qui a déjà servi de berceau au Patronage Saint-Joseph...

Permettez-moi, M., de faire appel à votre bonne sympathie pour notre Œuvre en vous demandant de vouloir bien assister le dimanche 24 novembre à 3 heures à la bénédiction du nouveau Patronage, qui sera faite par notre vénéré Pasteur, M. l'abbé Miramont, curé de Sainte-Anne...

Ce document fixe la date historique du début de nos œuvres, et à ce titre il méritait, certes, d'être précieusement conservé.

Un « ANCIEN »

II. — DE 1897 A 1902

Les enfants du quartier apprirent bien vite l'ouverture du nouveau patronage et, dès ce premier mois d'octobre 1897, chaque dimanche, les rues avoisinantes s'animaient au passage d'enfants nombreux qui allaient « voir ce que c'était » ou qui revenaient, non sans amener avec eux quelque camarade.

Bientôt, on aperçut un personnage d'un nouveau genre : les enfants n'avaient pas coutume d'en rencontrer de semblables dans le quartier! Ils ouvrirent de grands yeux où on pouvait lire un sentiment de curiosité mêlé d'un peu d'inquiétude; mais ils furent bien vite rassurés par son air aimable et si accueillant : c'était M. l'abbé Audollent, alors secrétaire de l'Archevêché, qui, le premier, devenait « aumônier des Malmaisons ».

M. le Chanoine Audollent, devenu depuis vicaire général du diocèse de Paris, a bien voulu nous dire le bon souvenir qu'il a gardé de son ministère aux Malmaisons et il s'est plu à rappeler les noms de ceux qui l'avaient aidé dans son apostolat : MM. Léger et Lachaise, dont nous avons déjà eu l'occasion de citer les noms; M. Lorette, alors étudiant, et devenu depuis prêtre et directeur de l'école Gerson; MM. de Cockborne, Le Falher, Clausel de Coussergues, Brunissem, Agcorges, Thival... Ce dernier assurait la bonne administration toujours si utile du contrôle.

☙ ☙

Il n'y avait pas de local pour apprendre le catéchisme aux enfants, et M. l'abbé Audollent devait donner ses explications dans un coin de cet immense terrain vague, qu'on ne pouvait encore décorer du nom de cour. Quand il faisait froid, on envoyait par petits groupes les enfants se réchauffer pendant quelques minutes dans la roulotte près du petit poële qui constituait tout le chauffage de l'établissement.

Pourtant, le nombre des enfants et des jeunes gens augmentant chaque dimanche, il fallut songer à édifier un abri plus vaste et la construction d'une sorte de hangar fermé, divisé par des cloisons mobiles, fut décidée. Ceux qui auraient la curiosité de retrouver ce bâtiment dans notre cour de la rue Gandon le reconnaîtront à sa toiture : il est le seul recouvert de tôle ondulée. Les grandes portes intérieures sont d'ailleurs bien connues de ceux qui ont fait partie du patronage. Quel est celui qui n'a pas été tenté un jour ou l'autre d'ouvrir ces portes... même sans permission ? Ce mode de construction a du moins l'avantage de pouvoir donner aux salles divers aspects suivant l'usage requis par les circonstances.

Ces locaux n'avaient pas été construits en bordure de la rue Gandon et la roulotte restait placée en avant-garde, plus près de la palissade, à l'endroit où se trouve actuellement la salle dite « du petit cercle ». Elle devint le logement du concierge : le « Père Médaille », ainsi appelé par les enfants parce que, le dimanche, ce brave homme, ancien cantinier, tenait à montrer sur sa poitrine les médailles nombreuses qu'il avait gagnées pendant ses campagnes. A en croire l'histoire — ou la légende — il en avait 44, en comptant, il est vrai, quelques-unes méritées par sa femme qui s'honorait également du titre de cantinière! Le vieux ménage retrouvait dans la roulotte quelque chose de la voiture régimentaire, et peut-être parfois, la nuit, rêvaient-ils qu'ils étaient encore en activité de service; le « Père Médaile » gardait d'ailleurs toujours armé son vieux révolver d'ordonnance.

Le jour de l'inauguration des nouvelles salles fut une grande fête aux Malmaisons: c'était le premier dimanche du mois de janvier 1898, et l'on profita de l'occasion pour offrir un superbe arbre de Noël aux enfants du quartier.

On y avait invité « les petites sœurs », car on avait projeté d'établir un patronage de jeunes filles et l'on voulait en indiquer le chemin au moins aux plus jeunes.

Quelques personnes, parmi lesquelles Mme La Ferté, Mlle Audollent, Mlle Bosset, s'étaient réunies à Mlle de Guntz pour aider à l'organisation d'un patronage de jeunes filles; elles s'étaient affiliées à l'Œuvre de Sainte-Clotilde, fondée par M. l'abbé Lenfant, pour la direction des patronages féminins du diocèse de Paris.

En attendant qu'on pût élever un mur de séparation entre les deux patronages, on décida que les garçons se priveraient du terrain le jeudi pour laisser la place aux petites filles.

L'essai en fut fait dès le jeudi suivant : le 6 janvier 1898 est donc la date de la fondation de notre patronage de jeunes filles.

Dès le début, les membres directeurs des œuvres des Malmaisons avaient eu l'intention de construire, sur l'avenue de Choisy, une grande salle qui servirait de chapelle pour le quartier. L'autorité diocésaine avait agréé ce projet et l'archevêque de Paris, le Cardinal Richard, avait voulu s'inscrire des premiers sur la liste des membres fondateurs en donnant sa cotisation au Comité d'organisation.

En attendant, la messe du dimanche était célébrée dans le bâtiment de la rue Gandon; un autel y avait été installé et M. l'abbé Audollent apportait avec lui, chaque dimanche, le calice et les ornements nécessaires pour dire la Messe.

☘ ☘

L'Œuvre grandissait et, petit à petit, les services s'organisaient pendant cette première année; si bien que, dans son numéro d'août 1898, *Le Petit Faubourien*, — bulletin du patronage Saint-Joseph de la Maison Blanche, — pouvait donner un petit aperçu intéressant de ce que les Œuvres des Malmaisons étaient devenues dix mois après leur inauguration :

« A droite, une briqueterie et de hauts tas de coke; au fond, une pente brusque en mâchefer conduisant dans un pré presque vert. Devant, le long de la rue Gandon, une palissade mobile en planches inégales et noirâtres, percée d'une porte étroite dont le numéro est tracé au charbon.

« A gauche, une sorte de bâtiment, qui n'est pas une maison ni un hangar, mais qui peut être tout à la fois et qui sert de préau, de salles de cours pour les catéchismes, de lieux de réunion des diverses sections et de chapelle. A côté du hangar, notre chère roulotte et, à l'entrée, près de la porte, une vieille baraque où se fait le contrôle des présences et où se tiennent la caisse d'épargne et la bibliothèque.

« Dans le vaste espace limité par ces clôtures très primitives, 250 à 300 jeunes garçons de tous les âges s'amusent. Ici, un groupe d'enfants joue à la balle; là, un autre écoute quelque touchante histoire que leur raconte un de nos amis; plus loin, on joue au tonneau, au tambourin, tandis que dans le pré les grands sont occupés à d'interminables parties de foot-ball sous la direction de notre cher aumônier, M. l'abbé Audollent.

« ...Voici le tableau d'une après-midi du dimanche. Transportez-vous au jeudi et, bien que ce soit le même cadre, la physionomie des Malmaisons est changée : plus de petits garçons, mais des petites filles qui jouent à la balle, à la corde, au mouchoir... »

Le bien se faisait et le soir des journées de patronage, si, lorsque reprenant le Chemin de fer de Ceinture ou le tramway conduit lentement par deux chevaux — seuls moyens de communication de l'époque — les jeunes gens qui aidaient M. l'abbé Audollent revenaient dans leurs quartiers un peu gênés de passer « dans Paris » avec des vêtements maculés par la boue du patronage, ils étaient heureux d'avoir bien employé leurs loisirs d'étudiants, d'avoir élevé un peu ces âmes d'enfants en les rapprochant du bon Dieu.

Un « Ancien ».

III. — DE 1897 A 1902 (*Suite*)

Ce fut encore pendant cette année 1898 qu'au grand étonnement des habitants du passage Raymond et de la rue Gandon on vit arriver et entrer, avec beaucoup de peine, dans la cour du patronage — la porte ne se trouvant pas exactement dans le prolongement du passage — de grandes fermes métalliques et d'énormes colonnes en fer à chapiteaux corinthiens ! M. Enfert avait fait le projet de doter le patronage des garçons d'un bâtiment spacieux qui aurait occupé toute la façade de la rue Gandon et, pour réaliser ce dessein, il avait acheté une partie des charpentes en fer qui venaient du Palais de l'Industrie.

Les vieux Parisiens se rappellent qu'en effet, à cette époque, on démolissait ce vaste édifice élevé sur la gauche de l'avenue des Champs-Elysées et construit de 1853 à 1855 sur les plans de l'ingénieur Barrault (nom qui a été donné à une des rues du XIIIe arrondissement), afin de servir aux expositions industrielles et aux grandes cérémonies officielles.

Ces vestiges d'un palais qui avait été visité par de grands personnages ne purent sans doute prendre leur parti de rester dans une pauvre cour de patronage : les fermes, les colonnes restèrent placées pendant quelques mois, le long des murs du côté de la rue des Malmaisons ; puis le passage Raymond revit passer toute cette armature... mais avec elle s'éloignait le rêve d'un joli bâtiment construit rue Gandon !

Du moins, les enfants avaient su profiter de l'occasion pour faire quelques bonnes parties de cache-cache au travers ; il y eut même quelques genoux écorchés, quelques têtes contusionnées, mais on avait si bien joué !

Sans doute, la direction des Œuvres avait jugé plus urgent de construire sur l'avenue de Choisy un bâtiment qui abriterait le patronage des jeunes filles et qui comprendrait une salle assez vaste pour servir de chapelle provisoire.

❧ ❧

Le patronage des garçons s'augmenta seulement de la grande salle ajoutée à la suite des premiers bâtiments dont nous avons parlé : cette construction en bois avait été achetée à l'un des patronages de la rue de Vanves, dirigé alors par M. l'abbé Schaefer, devenu depuis curé de Saint-Lambert de Vaugirard.

Les sections et les différents services du patronage augmentaient : des cours du soir étaient établis pour compléter l'instruction très souvent insuffisante des enfants qui avaient quitté l'école pour l'usine.

On apprenait dans ces cours, appelés « école du soir », la grammaire, l'histoire et la géographie, le dessin industriel, voire « la physique, la chimie, la mécanique »; mais la notice avait soin d'ajouter : « A ces derniers cours ne seront admis que les élèves munis de leur certificat d'études et qui témoignent d'aptitudes spéciales. » Ces cours avaient été placés sous la direction de M. Encoignard, professeur à l'école Massillon.

Les plus grands étaient groupés dans des cercles. M. Guy de Ferron, que nous n'avions pas encore eu l'occasion de nommer, avait pris à cœur d'organiser une bibliothèque, et les livres prêtés étaient souvent lus par les parents eux-mêmes.

L'année 1899 avait même vu l'organisation de deux sociétés régulièrement constituées, l'une pour la gymnastique, l'autre pour l'organisation professionnelle.

La société de gymnastique prit pour nom : « Les Soldats de demain » et fut autorisée par le préfet de police. La loi sur les associations qui nous régit actuellement n'existait pas encore, et les autorisations étaient données par la préfecture, conformément à la loi du 10 août 1834, ainsi que le porte l'arrêté que nous avons encore dans les archives des Malmaisons et qui fut signé le 5 juillet 1899.

Quant aux « serruriers-constructeurs », ils s'établirent en une société anonyme, dont le siège était 18, rue Gandon. Ils ne faisaient pas partie intégrante du patronage, mais ils recrutaient leurs apprentis, et autant que possible leurs jeunes ouvriers, parmi les membres des œuvres. M. Henriet, serrurier, prit la direction de cette société, dont l'annonce légale parut au *Bulletin municipal de la Ville de Paris*, le 3 juin 1899.

☙ ☙

M. l'abbé Audollent, cependant si aimé des enfants, n'avait pu continuer son apostolat aux Malmaisons, et c'est un jeune prêtre, étudiant à l'Institut Catholique, qui était venu le remplacer.

Les plus anciens membres de nos œuvres se rappellent fort bien M. l'abbé Saglio, devenu depuis vicaire général de Carcassonne, et blessé mortellement à la fin de la guerre en accomplissant avec piété et dévouement ses fonctions d'aumônier militaire.

M. Saglio employa à ce ministère, auprès des enfants et des jeunes gens des Malmaisons, tout le temps laissé libre par les cours qu'il suivait à l'Institut Catholique et en Sorbonne. Pour pouvoir consacrer plus de temps à ses enfants, il établit dans le quartier une petite « résidence » pour y habiter avec deux autres étudiants, qui avaient déjà été les auxiliaires précieux de M. l'abbé Audollent.

La maison située au 34 de l'avenue de Choisy venait d'être terminée : M. l'abbé Saglio loua avec ses deux compagnons,

M. Lorette et M. Le Faller, un appartement au cinquième étage : ils s'y établirent ; on pourrait plutôt dire : ils y campèrent.

M. l'abbé Saglio, issu d'une famille distinguée de la Franche-Comté, aimait garder une grande simplicité de vie, et il ne voulut jamais qu'on prît soin d'acheter pour lui un lit, même le plus simple ; il avait étendu sur le parquet de sa petite chambre un matelas et il s'en contentait.

Ses jeunes amis agissaient d'ailleurs aussi simplement : leur mobilier était en grande partie constitué par des caisses vides achetées chez les épiciers du quartier et recouvertes d'andrinople.

Les bâtiments du patronage des jeunes filles dont nous aurons également à donner bientôt l'histoire étaient terminés. L'abbé Saglio disait chaque matin la messe dans la chapelle qu'on commençait d'organiser et dans laquelle il avait obtenu d'ériger les stations du Chemin de la Croix, par une autorisation signée du cardinal Richard en date du 25 novembre 1899.

Après la messe, les jeunes gens faisaient chauffer eux-mêmes leur petit déjeuner. Quant aux repas de midi et du soir, M. l'abbé Saglio et ses deux compagnons allaient les prendre au « Fourneau économique » établi dans les nouveaux locaux pour aider les familles pauvres : chaque portion ne coûtait que quelques sous et M. Lorette m'affirmait encore naguère que pour 0 fr. 60 ou 0 fr. 70 chacun, ils faisaient un repas sinon très copieux, du moins suffisant.

Catéchismes, conférences, réunions diverses occupaient toutes leurs soirées et il en fut ainsi pendant l'année scolaire 1899-1900. Pendant les vacances de cette dernière année, M. l'abbé Saglio devait quitter à son tour les Malmaisons : il était nommé par son évêque professeur au petit séminaire de Luxeuil.

Un Ancien.

IV. — LE PATRONAGE DES JEUNES FILLES

Nous avons vu comment s'était organisé, en janvier 1898, un premier groupement pour les petites filles du quartier et depuis, chaque jeudi, la grande mais unique cour leur était réservée. Ce n'était là qu'une disposition transitoire, il fallut bientôt penser à diviser le terrain pour que garçons et filles eussent chacun, le dimanche comme le jeudi, « leur patronage ».

Un mur de séparation fut construit, les jeunes filles eurent dès lors leur entrée indépendante avenue de Choisy et l'emplacement qui leur était réservé, pour n'être pas aussi vaste que celui des garçons, était cependant important : il comprenait tout l'espace occupé aujourd'hui par l'église ainsi que la petite cour qui se trouve derrière la chapelle du catéchisme.

La direction, qui s'était contentée d'une roulotte, puis de quelques pauvres salles dans le patronage de la rue Gandon, voulut doter celui des jeunes filles de bâtiments mieux construits et plus attrayants.

Dès la fin de 1898, les habitants de l'avenue de Choisy virent s'élever sur ce sol resté si longtemps « terrain vague » un joli groupe de constructions.

Sur l'avenue, en façade, deux petits pavillons séparés par une cour : l'un, à droite, comprenait un étage et devait servir tant au concierge qu'à la direction, l'autre était organisé en salle basse pour la fondation d'un « fourneau », où les familles pauvres et les ouvriers très pressés devaient trouver rapidement et à bon compte de la soupe et des portions de viande ou de légumes.

Adossés à ces pavillons et situés dans le sens de l'avenue de Choisy se trouvaient les locaux du Patronage : au rez-de-chaussée une grande salle que l'on organisa en chapelle et au-dessus les « classes », salles de réunion pour les enfants et leurs aînés. On y accédait par un escalier extérieur qui agrémentait d'ailleurs la façade sur la cour.

❧ ❧

C'est Mlle Jeanne de Guntz qui avait pris la direction de cette œuvre. Toutes les anciennes enfants qui l'ont connue ont gardé un souvenir ému de leur première directrice. Une d'elles écrivait encore récemment : « Lorsqu'on avait rencontré cette physionomie à la fois ardente et douce, on ne pouvait l'oublier; une telle bonté, un tel dévouement émanait de sa personne qu'elle attirait et inspirait le désir de se dévouer à la cause qu'elle servait si bien. »

Le soin des pauvres occupait tous les loisirs que lui laissaient les enfants.

Aidée par Mme La Forté et Mlle de Bancel, elle organisait les journées du Dimanche; la semaine, après la classe, les petites écolières venaient de 4 h. à 6 h. pour faire leurs devoirs et après le dîner, des cours du soir permettaient aux jeunes filles de compléter leur instruction. Un atelier de couture fut établi, les jeunes filles y apprenaient à tailler et à confectionner leurs vêtements sous la direction de Mlle Henriette Simon « dont la patience et le dévouement furent, suivant le témoignage d'une ancienne enfant du patronage, souvent mis à l'épreuve par ses jeunes élèves. »

Les parents n'étaient pas oubliés : on les invitait aux fêtes religieuses et aux séances récréatives, ou encore à la veillée de Noël pendant laquelle des projections préparaient à la Messe de Minuit.

❧ ❧

L'instruction et la formation religieuses avaient été confiées à des prêtres qui préparaient leurs grades universitaires à l'Institut Catholique.

Ce fut d'abord l'abbé Henri Lestienne, prêtre du diocèse de Lille. Très bon et très humble, il commença l'organisation du service religieux dans la nouvelle chapelle de l'avenue de Choisy; il le fit avec cette foi et cette piété qui le caractérisaient. « C'était un saint et un héros », nous écrivait-on de son dioc'se après sa mort. Il fut en effet, comme l'abbé Saglio, une des victimes de la guerre et fut tué comme aumônier volontaire à Carency en 1916.

Sur les instances de M. Guibert, supérieur de l'Ecole des Carmes, ce fut M. l'abbé Bouf qui vint, en octobre 1899, prêter son concours au patronage des jeunes filles encore tout récent. Il y exerça le ministère sacerdotal « avec un intérêt grandissant », suivant sa propre expression, jusqu'à la fin de l'année 1901, époque à laquelle il repartit pour Clermont où il était missionnaire diocésain M. l'abbé

Beuf avait toute l'ardeur du « missionnaire » et il fit beaucoup de bien aux jeunes filles qui purent profiter de son ministère.

Les enfants continuaient pour la première Communion à suivre les catéchismes dans les paroisse auxquelles ils appartenaient (Sainte-Anne de la Maison Blanche ou Notre-Dame de la Gare), mais M. l'abbé Beuf faisait des conférences religieuses aux plus grandes. Il préparait à leur première Communion les « retardataires » qui venaient se faire inscrire au patronage et même les adultes que les enfants lui amenaient.

Le dimanche soir la journée se terminait par la prière, une petite instruction et la bénédiction du Saint-Sacrement.

La semaine sainte, les parents étaient invités à suivre la retraite prêchée aux plus grandes pour les préparer à leur Communion Pascale.

C'est également saus la direction de M. l'abbé Beuf que fut organisée la Congrégation des Enfants de Marie dont le cardinal Richard approuva le règlement : elle réunit alors une élite d'une quinzaine de jeunes filles qui firent beaucoup de bien autour d'elles.

M. l'abbé Beuf a gardé un souvenir très précieux de son séjour aux Malmaisons, comme le témoignent ces lignes qu'il nous écrivait récemment :

« De passage à Paris, pendant la guerre, j'allai, en manière de pèlerinage, visiter St-Hippolyte. Tant de souvenirs s'éveillèrent et de si profonds que je ne suis pas certain de n'avoir pas laissé échapper une larme... »

Un Ancien.

V. — LES ŒUVRES DES MALMAISONS ET L'EXPOSITION UNIVERSELLE DE 1900. — DERNIERS SOUVENIRS D'UNE PREMIERE PERIODE.

L'Exposition universelle de l'année 1900 fut pour les Œuvres des Malmaisons une nouvelle occasion de se faire connaître et de s'attirer de précieuses sympathies.

On sait, en effet, que pendant cette exposition, différents congrès internationaux furent organisés à Paris, parmi lesquels un Congrès d'assistance publique et de bienfaisance, présidé par M. Casimir-Périer, et un Congrès du Patronage de la Jeunesse ouvrière, tenu sous la présidence de M. Mézières, membre de l'Académie française et député de la Meurthe-et-Moselle.

Les Malmaisons y furent représentées. Mme La Ferté lut un rapport sur « les diverses formes de patronage à l'étranger », et le second de ces congrès prévoyait dans son programme officiel, pour le mardi 12 juin 1900, une « visite aux Œuvres des Malmaisons ».

Enfin, dans diverses sections de l'Exposition, les Malmaisons obtenaient une médaille d'argent et trois médailles de bronze.

Aux services dont nous avons déjà parlé, s'était ajouté, au début de l'année (février 1900) un cours pour les jeunes filles : il comprenait trois classes et préparait au certificat d'études. A l'instruction prévue par les programmes officiels, venaient s'ajouter des leçons de solfège, de dessin et de piano.

Ce cours était dirigé par Mlle Peter ; il s'était établi dans les locaux de l'avenue de Choisy, et, suivant l'âge de l'enfant, une rétribution mensuelle de 7 fr. ou de 10 fr. était demandée aux parents qui confiaient à Mlle Peter l'instruction de leurs jeunes filles.

Pendant la même année, un groupement d'hommes se constitua sous le titre de « Cercle ouvrier des Malmaisons ».

C'est pour lui que furent construits les locaux qui se trouvent rue Gaudon, immédiatement à gauche de la porte cochère. Un billard et des jeux furent mis à la disposition des hommes ; le Cercle était ouvert tous les soirs, de 8 heures à 10 heures, et le dimanche à partir de 2 heures. Une petite buvette fut adjointe au cercle et pour ses besoins on creusa une cave sous l'une des premières salles construites en 1898.

Le bureau du Cercle était ainsi composé : Directeur, M. Joseph Legardeur ; vice-président, M. Henriet ; secrétaire, M. Georges Poisat ; vice-secrétaire, M. Cutherut ; trésorier, M. Paul de Cockborne.

⁂

Après les vacances scolaires, ce fut M. l'abbé Vaucelle, actuellement supérieur de l'Institution Saint-Maurice, à Tours, qui vint remplacer, auprès des jeunes gens et des hommes, M. l'abbé Saglio, rappelé par son évêque, ainsi que nous l'avons déjà dit.

Dans une lettre récente, M. l'abbé Vaucelle résumait ainsi ses souvenirs :

« Je fus conduis à l'Œuvre des Malmaisons par M. l'abbé Beuf, qui s'occupait des jeunes filles, alors que je m'occupais des garçons. J'y suis allé de novembre 1900 au mois d'août 1901. M. l'abbé Lorette, alors élève du Grand-Séminaire, y venait encore, et j'y ai eu comme collaborateurs les jeunes gens que vous avez nommés dans vos derniers numéros. Je me suis vivement intéressé à cette œuvre et j'ai parfois regretté que mes études ne m'aient pas permis de m'y adonner davantage. J'y venais tous les dimanches et quelquefois pendant la semaine. C'était bien la vie que vous avez décrite avec ses séances, ses fêtes de gymnastique, ses fêtes religieuses. Mes confrères des Carmes m'ont parfois apporté leur concours pour rehausser l'éclat des cérémonies. Aux jours de fêtes, les « Soldats de demain » entouraient l'autel et sonnaient du clairon. Ces journées du dimanche m'étaient très agréables et je me sentais presque la vocation de vicaire de faubourg parisien !... »

M. l'abbé Vaucelle resta d'ailleurs l'ami des jeunes gens et il fonda pour eux, à Tours, un excellent collège ; il y fut aidé dans son organisation par un ancien enfant des Malmaisons, dont nous aurons occasion de reparler : Hippolyte Lafond, tué pendant la guerre.

❧ ❧

Les « Soldats de demain », dont parlait M. l'abbé Vaucelle, formaient une section de gymnastique assez importante pour pouvoir donner, le 4 août 1901, dans la cour du patronage, une fête qui fut présidée par M. César Caire, conseiller municipal, assisté de M. le marquis Costa de Beauregard et de M. le comte Le Lieur. Les jeumes gymnastes étaient dirigés par M. Viola, professeur au collège Stanislas.

La loi sur les associations du 1er juillet 1901 permettait aux groupements d'acquérir une existence légale. Les œuvres des Malmaisons voulurent profiter des avantages que leur offrait la loi et le récépissé des déclarations de l'association portant la dénomination de « Société des Œuvres charitables et ouvrières des Malmaisons », délivré par la préfecture de police sous le numéro 150.043, porte la date du 14 septembre 1901.

Cette démarche semblait affermir l'œuvre par une constitution définitive ; et, pourtant, elle précédait d'assez près des moments difficiles qui auraient pu paraître fâcheux à ceux qui auraient oublié que la Providence guide les œuvres comme les individus. Dieu permet des épreuves et demande des sacrifices qui sont pénibles à ceux qui les subissent, mais dont les heureux résultats se font sentir plus ou moins longtemps après.

N'est-ce pas la parole du divin Maître : « Si le grain de froment qui tombe dans le sillon n'y meurt, il ne produit rien ; mais, s'il meurt, il produit au centuple. »

En 1902, Mlle de Guntz, épuisée par sa vie de dévouement, tombait malade et mourait. Quelque temps après, des difficultés financières surgissaient, et la direction se voyait obligée d'interrompre ses services, ses dons, ses réunions...

Le bon Dieu n'oubliait pas pourtant tous les dévouements qui s'étaient prodigués dans ces œuvres : les Malmaisons étaient fermées pour un temps, mais elles ne devaient pas mourir !

Un Ancien.

VI. — UNE NOUVELLE TENTATIVE (1903-1905)

Les cours du patronage devenues bien solitaires avaient pourtant encore parfois quelques visiteurs d'un ordre tout à fait différent suivant qu'il s'agissait de l'avenue de Choisy ou de la rue Gandon.

Avenue de Choisy, un gardien habitait encore les locaux des œuvres et, le dimanche, quelques jeunes filles des plus âgées et des plus fidèles demandaient l'autorisation de revoir un instant leur patronage, de jeter un coup d'œil rapide et bien triste sur cette cour où naguère elles prenaient si joyeusement leurs ébats.

Rue Gandon, personne n'était là pour faire respecter la clôture, d'ailleurs assez sommaire, et quelques voisins peu scrupuleux ne se gênaient pas pour escalader la barrière en planches et aller prendre les boutons de porte, les tuyaux ou autres objets à leur convenance!

Heureusement, les œuvres ne devaient rester fermées que pendant quelques mois: à l'archevêché, on pensait à ce quartier où les premiers essais d'apostolat tentés par des jeunes gens dévoués avaient prouvé que la bonne semence pouvait lever, et l'on se préoccupait d'en confier la direction à un prêtre.

On pensa à M. l'abbé Henry Flynn, actuellement curé de Notre Dame de la Croix de Ménilmontant et alors attaché aux « Œuvres du Rosaire », qui devaient donner naissance quelque temps plus tard à une nouvelle paroisse dans le quatorzième arrondissement.

M. l'Abbé Flynn accepta d'étudier ce qu'il était possible de faire; il vint même habiter rue de Tolbiac, presque à l'angle de l'Avenue de Choisy; mais il dut renoncer à l'exécution des projets que son zèle lui inspirait, à cause des difficultés d'ordre matériel qui n'étaient pas encore aplanies, notamment en ce qui concernait l'acquisition du terrain.

L'administration diocésaine s'occupa alors de faire aboutir les démarches commencées, et lorsque les Œuvres purent être chez elles, Monsieur l'Archidiacre de Sainte-Geneviève en proposa la direction à M. l'abbé Chartier qui avait dû demander quelques mois de congé pour raisons de santé et qui pensait avoir repris assez de forces pour accepter un ministère actif.

☙ ☙

Le nouveau directeur des Œuvres

comprit qu'il était urgent de construire un bon mur pour protéger le terrain sur la rue Gandon. Il fit donc, tout d'abord, élever celui qui encadre actuellement la porte cochère et qui semble devoir résister longtemps aux mauvais traitements de ceux dont l'âge, suivant l'expression de La Fontaine, est « sans pitié » !

M. l'Abbé Chartier remit encore en état la chapelle provisoire établie avenue de Choisy, ainsi que les locaux du patronage des garçons. Il avait pris la direction de l'Œuvre en juin 1903, et il put, dès la rentrée des classes, organiser des catéchismes pour les enfants du quartier.

☙ ☙

Le patronage des jeunes filles avait rouvert le premier ses portes: il était confié aux dames de « l'Œuvre de Saint-Clotilde », Mme la comtesse de Pleumartin en avait accepté la présidence, et ce fut Mme La Ferté, déjà bien connue dans le quartier, qui en devint la directrice. Elle voulut demeurer dans les locaux mêmes de l'avenue de Choisy avec Mlle Bosset, une de ses dévouées collaboratrices.

Le patronage des garçons se constitua un peu plus tard : M. l'abbé Chartier ne pouvait venir habiter dans le quartier, mais il demanda à un jeune prêtre qui résidait à Ivry, dans sa famille, de venir l'aider.

M. l'abbé Mourot accepta et se dévoua à la réorganisation du patronage; il pouvait y venir fréquemment, grâce à la proximité de son domicile.

La gymnastique fut confiée à M. Poupot, que les anciens de cette époque n'ont pas oublié.

Les œuvres de jeunesse étaient suffisamment rétablies en juillet 1904 pour que quelques enfants pussent faire leur première communion dans la chapelle de l'Œuvre.

Les pauvres du quartier étaient souvent visités par Mme La Ferté et par Mlle Bosset, qui s'étaient affiliées à « l'Œuvre des Faubourgs »; le fourneau reprit son fonctionnement et le chemin du patronage de l'avenue de Choisy devint très familier à tous ceux qui souffraient et qui avaient besoin d'être aidés.

* *

Ainsi, les Œuvres des Malmaisons étendaient petit à petit leur action bienfaisante. M. l'abbé Chartier craignit que sa santé ne lui permît pas de suffire seul à une tâche aussi importante, et en 1905 il demanda à ses supérieurs de lui envoyer comme auxiliaire un jeune prêtre, qui fut complètement attaché aux Malmaisons.

Un Ancien.

VII. — RESIDENCE DU PRETRE DANS L'ŒUVRE. — VERS L'ORGANISATION DEFINITIVE (1905).

Le 1er juillet de cette année 1905, avaient été ordonnés, dans l'église Saint-Sulpice, 32 prêtres du diocèse de Paris : le cardinal Richard pouvait donc répondre au désir qui lui avait été exprimé.

Et c'est ainsi que le 12 juillet, M. l'abbé Piquet, qui avait pris part à cette ordination, était appelé à l'Archevêché, où M. l'archidiacre de Sainte-Geneviève lui faisait part de sa nomination de vicaire à Sainte-Anne, chargé spécialement des Œuvres des Malmaisons.

Il reçut un accueil paternel de M. l'abbé Miramont, le vénérable curé fondateur de la belle église qui domine l'ancienne « Butte aux Cailles » et qui remplaça la « Chapelle Bréa ». (On sait que celle-ci, située avenue d'Italie, à la hauteur de la rue de Tolbiac, avait longtemps servi d'église paroissiale à toute une partie du 13e arrondissement, sous le nom de Saint-Marcel-de-la-Maison-Blanche.)

Le bon abbé Delétain, alors second vicaire de Sainte-Anne, proposa aussitôt au jeune vicaire, de le mener lui-même « aux Malmaisons » ; son cœur si charitable l'avait plusieurs fois conduit dans ce coin retiré de la paroisse pour y porter quelques secours, pour y administrer quelques malades.

M. l'abbé Delétain et M. l'abbé Piquet étaient sur le seuil du presbytère de Sainte-Anne lorsqu'ils firent la rencontre providentielle d'une personne qui devait aider beaucoup à l'établissement de plusieurs œuvres, aux Malmaisons : Mme de Boury et quelques dames membres le la « Ligue patriotique des Françaises » avaient, en effet, formé des projets d'action religieuse et sociale dans ce pauvre faubourg où le prêtre était envoyé un peu comme un missionnaire !

M. l'abbé Delétain ne manqua pas de donner à son jeune compagnon un aperçu des coins les plus pittoresques du quartier où il allait s'établir en le faisant passer par les rues les moins élégantes pour se rendre au n° 27 de l'avenue de Choisy, où logeait le seul gardien des deux patronages.

Le concierge apprit aux visiteurs que M. l'abbé Chartier était allé prendre quelques jours de repos avant la fin des classes, pour être présent à l'époque des vacances des enfants. Le jeune vicaire dut se contenter de jeter un coup d'œil furtif, mais plein d'affection déjà, sur ce terrain qui allait devenir pour lui le champ d'action sacerdotale !

⁂

A son retour, M. l'abbé Chartier fit aimablement visiter l'œuvre à son jeune collaborateur et l'invita à venir, dès le dimanche suivant, dire la messe du Patronage des garçons. Ce fut le premier contact avec les enfants qui, au nombre d'une trentaine, vinrent au patronage, ce jour-là.

Dès lors, M. l'abbé Piquet pensa à venir demeurer dans le quartier : il lui sembla que son ministère lui demandait de s'installer sur le terrain même des œuvres, pour être plus facilement à la disposition de tous. Il alla donc demander à l'Archevêché l'autorisation de s'établir dans une des salles du Patronage des garçons.

M. le chanoine Thomas, alors archidiacre de Sainte-Geneviève, avait quelques doutes sur la valeur d'une telle installation et, dans sa sollicitude, il voulut venir voir lui-même si la chose était possible. Après sa visite, il accorda l'autorisation demandée, étant donné la promesse qu'on lui avait faite de mettre un plancher sur le bitume et de repeindre les murs.

Et c'est ainsi que la salle du Patronage des garçons, occupée aujourd'hui par le Petit Cercle, devint la « chambre-bureau », ainsi qu'on l'appelait, du directeur des Œuvres des Malmaisons.

C'est le titre que donnait, en effet, au bout de quelques semaines, l'Archevêché au prêtre qui avait la mission de consacrer tout son temps et toute son activité aux besoins religieux du quartier, car l'administration diocésaine songeait à récompenser M. l'abbé Chartier de la peine qu'il avait eue à réorganiser le Patronage après plusieurs mois d'interruption, en le nommant quelque temps après premier chapelain de la chapelle du « Corpus Christi » de l'avenue Friedland.

❧ ❧

Ce presbytère improvisé ne possédait pas tous les avantages du confort moderne : à l'époque, l'électricité n'était pas encore parvenue dans notre quartier si éloigné du Centre; l'eau et le gaz eux-mêmes n'avaient pas encore franchi le mur de clôture du patronage et les habitants de la rue Gandon racontent que l'abbé allait faire sa provision d'eau à la fontaine de cette rue qui se trouve à proximité du patronage : les fontaines (les souvenirs bibliques en sont témoins) ont toujours été des endroits où l'on cause et c'était, pour le prêtre, une excellente occasion de prendre contact avec les habitants du quartier. Bien des maisons des environs ne fournissaient pas l'eau à leurs locataires et l'abbé rencontrait à la fontaine non seulement des mères de famille de la rue Gandon, mais encore les marchands de mouron de la ruelle Gandon chez qui il trouva plusieurs baptêmes à faire, les chiffonniers de la rue des Malmaisons et aussi son plus proche voisin, celui qui mettait en état des squelettes pour la Faculté de Médecine.

Il n'avait pas été prévu de cuisine dans la nouvelle installation : les repas étaient apportés par la concierge de l'Avenue de Choisy; mais il ne fallait pas oublier de bien fermer la porte qui, donnant sur la cour, pouvait être facilement poussée par quelque chien voleur. L'abbé l'apprit à ses dépens : un dimanche soir qu'il finissait de réciter son bréviaire avant de dîner, en se promenant dans la cour, un gros bouledogue se chargea de vider l'assiette posée sur la table et de la si bien lécher qu'on eût cru qu'elle avait été lavée : le dîner était terminé, la vaisselle était faite!

❧ ❧

M. l'abbé Piquet profita de l'époque des vacances pour organiser quelques bonnes promenades afin d'attacher à l'Œuvre ceux qui y venaient et d'y attirer quelques nouveaux.

Puis il chercha à étendre son action par la visite des familles. On fut d'abord un peu étonné, dans certaines rues ou passages, de voir un prêtre passer et repasser souvent; quelques-uns s'en émurent et des mots plus ou moins aimables furent prononcés; des enfants qui avaient entendu dire par des camarades le nom du prêtre l'interpellèrent — de loin d'ailleurs — en criant « piquez-vous? » !!

Mais cette animosité, assez rare d'ailleurs, disparut bientôt. L'abbé avait soin de passer plus souvent près des endroits où il était insulté et ce n'est pas lui qui se lassa le premier; il sentit même que la sympathie gagnait, grâce aux enfants qui venaient lui dire bonjour avec un air de satisfaction qui valait tous les plus beaux discours qu'on aurait pu faire pour la défense du prêtre.

Ces visites étaient encore l'occasion de trouver des enfants qui n'étaient pas baptisés (quelquefois plusieurs dans une même famille), des malades qu'il fallait préparer à recevoir les Sacrements, des mariages qui pouvaient être régularisés.

Ainsi « les Malmaisons » devenaient-elles par la résidence du prêtre une sorte de mission permanente et l'œuvre du bon Dieu pouvait mieux se faire dans ce quartier si peu atteint jusque-là — à cause de l'éloignement — par la vie et l'action paroissiales.

Un Ancien.

VIII. — TRAVAUX D'APPROCHE ET DEBUTS D'UNE « CHAPELLE DE SECOURS » (1905-1906).

Dès la fin de l'année 1905, grâce au concours dévoué apporté par Mme de Boury et par les dames qui avaient uni leurs efforts au sien, de nouvelles œuvres purent s'organiser « aux Malmaisons. »

En septembre s'ouvrit rue Gandon une garderie pour les enfants de 3 à 6 ans ; les mères de famille venaient y conduire leurs enfants avant d'aller travailler au dehors ; cette organisation libérait aussi un enfant plus âgé qui, jusque-là, manquait assez souvent l'école « pour garder un petit frère ou une petite sœur » ; de plus, on pouvait espérer donner à l'enfant, dès son plus jeune âge, une impression religieuse, une première formation morale qui porteraient des fruits certains, un peu plus tard. Une légère rétribution était demandée aux parents : chaque enfant devait apporter le matin sa pièce de 0 fr. 10, part de sa contribution à l'œuvre.

En novembre, la « Mutualité maternelle » voulait bien établir dans nos locaux une section pour le quartier, avec consultation d'un médecin pour les jeunes bébés une fois par semaine. Ce petit « dispensaire » fonctionnait le samedi matin, c'était le moment d'une activité toute spéciale : plusieurs dames se mettaient à la disposition de tous ceux qui avaient quelque désir à exprimer ; un vestiaire aidait les pauvres, un secrétariat s'occupait des demandes de travail, du placement des orphelins ou des enfants qu'il fallait envoyer à la campagne, de la régularisation des mariages, des demandes de secours officiels, etc.

C'était là un excellent moyen de gagner la sympathie de tous : le prêtre parcourait les différents groupes, prenait intérêt aux difficultés de la vie de chacun et les démarches faites prouvaient que l'esprit de l'œuvre était fait de bonté et de charité chrétiennes.

Enfin, en décembre, s'ouvrait au patronage des jeunes filles un cours ménager pour les fillettes de 10 à 13 ans.

* *

Ces œuvres permettaient à l'action religieuse de progresser peu à peu : les enfants venaient se faire inscrire plus nombreux dans les patronages. Les catéchismes avaient été régulièrement organisés à l'époque de la rentrée des classes, avec l'assentiment de M. le curé de Sainte-Anne ; plusieurs enfants qui avaient dépassé l'âge habituel de la première communion venaient s'y préparer après leur travail.

La Messe de Minuit fut, à la fin de cette année, comme le couronnement des premiers efforts. Elle eut lieu dans la petite chapelle de l'avenue de Choisy et fut dite par M. l'abbé Michel, actuellement second vicaire de N.-D. de Lorette et qui, alors étudiant à l'Institut catholique, venait souvent le dimanche aider M. l'abbé Piquet.

Les fidèles « de la première heure » qui y ont assisté se rappellent avec émotion cette Messe de Minuit dont le caractère de religieuse simplicité rappelait fort bien la crèche de Bethléem !

Le grain de sénevé était jeté, il allait lever et grandir peu à peu avec l'aide de Dieu dont les secours providentiels ne manquaient pas. Ne pouvait-on pas dès lors penser à l'organisation du service religieux ?

C'est ainsi que l'autorité diocésaine décidait qu'à dater du mois de janvier 1906, les baptêmes des enfants du quartier se feraient dans la chapelle de l'avenue de Choisy, qui devenait ainsi une « chapelle de secours. »

Sur les 96 baptêmes qui furent donnés pendant la première année, (ceci est à noter) il y eut treize fois le baptême de deux enfants d'une même famille, quatre fois le baptême de trois enfants d'une même famille et une fois le baptême de quatre enfants d'une même famille : le retard apporté à ces baptêmes n'était-il pas dû, au moins pour plusieurs, à l'éloignement de l'église paroissiale ? La « chapelle de secours » était donc une nécessité pour les besoins religieux des habitants du quartier.

C'est encore au début de cette année 1906, que pour les aînées du patronage des jeunes filles, « une Association des Enfants de Marie était canoniquement érigée en la chapelle du patronage des Malmaisons » suivant le texte même de l'ordonnance du cardinal Richard datée du 16 février 1906.

☙ ☙

La chapelle avait été déclarée ouverte aux parents des enfants et aux habitants du quartier pour la messe du dimanche,... mais, au début, il ne vint que quelques rares personnes que l'on pouvait aisément compter d'un seul coup d'œil !

Il fallait donc poursuivre les efforts

commencés, affermir les moyens d'apostolat existants, en créer de nouveaux.

On pensa que des conférences avec projections pourraient intéresser et instruire les parents des enfants ; plusieurs sans doute n'avaient guère entendu parler des questions religieuses depuis très longtemps.

Un premier essai fut donc tenté le 17 février 1906 : M. l'abbé Piquet avait choisi cette date pour profiter du concours de quelques séminaristes en vacances à cette époque de l'année. Deux de ses amis, M. l'abbé Delâtre et M. l'abbé Perruisseau vinrent l'aider à organiser cette première réunion familiale.

Les débuts étaient d'ailleurs très modestes. L'éclairage de la salle de la rue Gandon était constitué par quatre lampes à acétylène et la partie musicale n'était assurée que par un phonographe ! A cette séance d'essai, des projections lumineuses firent faire aux assistants un petit voyage et l'on termina par quelques vues amusantes. C'était une prise de contact plutôt qu'une conférence.

Mais la tentative ayant semblé réussir, les familles du quartier furent de nouveau invitées quelques mois plus tard à une véritable conférence avec projections que M. l'abbé Largier, alors professeur à l'Ecole Bossuet, voulut bien nous donner sur « les Martyrs. »

Un peu plus tard, M. Laurentie devait en donner une autre sur « l'Eglise et les pauvres. »

Elles furent les premières prédications données aux adultes à cette époque, mais nous avions bien l'espoir que la salle des conférences deviendrait peu à peu l'antichambre de la chapelle !

Un Ancien.

IX. — LES OUVRIERS DE LA PREMIERE HEURE. — LA NOMINATION DE M. L'ABBE COMBESCOT (1906).

Dès cette première année de son ministère aux Malmaisons, M. l'abbé Piquet avait eu la bonne fortune de rencontrer de précieux auxiliaires dont l'histoire de nos origines doit conserver les noms : M. Dadu, le grand entraîneur dans les jeux du patronage ; M. Lafond qui, à ses autres qualités, joignait celle d'un « policier » habile ; M. Joseph Berthemet, notre premier organiste, qui groupait, pour les former au chant, les meilleurs voix d'enfants ; M. Adrien Leroux, actuellement vicaire à Notre-Dame Auxiliatrice de Clignancourt, dont les qualités de précision et de méthode furent appréciées dans les œuvres qui vinrent peu à peu se greffer sur le patronage.

Citons aussi les frères de M. l'abbé Piquet : « Monsieur Georges » et « Monsieur André », comme disaient les enfants, dont l'un organisait la bibliothèque du patronage et l'autre assurait les services si utiles du contrôle.

Enfin, les anciens de nos Œuvres me feraient un reproche d'oublier M. Fournier, qui était toujours prêt à employer ses moments libres au profit d'une amélioration à apporter dans l'organisation du patronage.

Toutes ces bonnes volontés constituaient une aide bien utile, car le prêtre avait, en dehors du patronage, bien des occupations. Il lui fallait se dépenser pour attirer les enfants, se faire connaître aux familles, visiter les malades, rechercher les ressources nécessaires à la vie des œuvres et au soulagement des pauvres du quartier ; c'est à lui qu'incombait également l'entretien des chapelles du patronage, ses ressources étant bien loin de permettre qu'un employé fût attaché à ce service.

C'est dans la chapelle du patronage des filles qu'eut lieu, le jour de la Pentecôte de l'année 1906, la première communion de neuf garçons et de sept filles, la retraite avait été prêchée par M. l'abbé Annedouche. Le lendemain, le sacrement de confirmation était donné à ces enfants par Mgr Jourdan de la Passardière qui avait bien voulu aimablement répondre au désir que M. l'abbé Piquet lui avait exprimé. Cet évêque, qui résidait à Paris, était d'une grande simplicité et d'un cœur très apostolique ; il aimait faire plaisir aux œuvres pauvres, et en entrant dans notre petite chapelle, il put se rendre compte bien vite que nous faisions partie de celles-là ; nous avions fait cependant tout notre possible pour orner l'autel et pour parer les murs de quelques oriflammes confectionnés par une dame catéchiste.

* *

La période des vacances approchait. Il fallait continuer, pendant ce temps, l'action commencée auprès des enfants tout le long des mois d'école. Aussi, dès juillet 1906, une circulaire envoyée aux parents leur annonçait que, pendant les mois d'avril et de septembre, le patronage des garçons serait ouvert les mardis, jeudis et dimanches, le matin et l'après-midi, et que de plus, chaque mercredi, il y aurait une promenade avec déjeuner dans les bois.

Pour réaliser ce programme, M. l'abbé Piquet s'était assuré le concours d'un séminariste ardent et dévoué, M. l'abbé Delâtre. Ce fut bien d'ailleurs grâce à lui et à l'aide que vinrent lui apporter pendant leurs vacances, M. Lafond et M. Marcel Piquet, le futur missionnaire en Indo-Chine, que les choses purent se passer comme elles avaient été annoncées.

Ce temps de vacances scolaires fut, en effet, très troublé pour M. l'abbé Piquet. Il fut d'abord convoqué à Versailles pour une période militaire ; il put pourtant revenir chaque soir pour régler les questions les plus importantes qui s'étaient présentées dans la journée, pour continuer la préparation à leur première communion de quelques « retardataires » qui venaient s'instruire après leur journée de travail, et pour visiter les malades qui étaient plus gravement atteints. L'uniforme militaire servit même à pénétrer auprès d'un malade qui désirait voir le prêtre, mais autour duquel on veillait pour ne pas laisser approcher la soutane noire. La capote bleue et le pantalon rouge permirent au prêtre d'entrer, de confesser le malade, de lui donner le pardon du Bon Dieu... L'habit ne fait pas le moine !

Il faut citer encore ici la courageuse exactitude de deux enfants qui, de leur plein gré, tenaient à venir servir la messe de M. l'abbé à 5 heures, car il lui fallait bien prendre le premier train pour être, à Versailles, présent à l'appel du matin. C'étaient deux enfants qui venaient de faire leur première communion le jour de la Pentecôte : René Villechevrolle et René Collin.

La période militaire terminée, voici que se présente pour la bonne marche des œuvres de vacances une nouvelle difficulté. Cette fois c'était la maladie, causée sans doute par le surmenage et les fatigues d'une première année de ministère très occupée. Quoi qu'il en soit, un des premiers jours de septembre, M. l'abbé Piquet dut s'avouer vaincu et s'aliter pour une quinzaine de jours.

Le vaillant abbé Delâtre, qui possédait une santé à toute épreuve, n'épargna rien pour conserver au patronage toute son activité, mais, encore séminariste, il ne pouvait assurer le service religieux du dimanche. Qui dirait la messe ? Il eut la bonne idée de s'ouvrir de cette difficulté à M. Garriguet, supérieur du Séminaire Saint-Sulpice, et c'est ainsi que, pendant plusieurs dimanches, la messe fut dite par un jeune directeur du séminaire, M. Arondel, qui devait avoir d'ailleurs, plus tard, d'autres raisons de s'intéresser tout spécialement à nos œuvres.

L'absence du directeur de l'Œuvre devait se prolonger près d'un mois, car après la maladie vint la convalescence et M. l'abbé Piquet dut aller prendre quelques jours de repos à la campagne.

Les mêmes dévouements soutinrent la vie des œuvres ; ils étaient, certes, bien désintéressés, car dans un coin des archives qui nous aident à faire notre récit, on peut trouver un petit carnet de comptes qui fixe l'état de la caisse des œuvres au moment où M. l'abbé Delâtre assumait la responsabilité du patronage ; il n'y avait pas de dettes, mais il fallait être bien économe pour « tenir », et M. l'abbé Delâtre tint bon.

Nous aurions passé sous silence ces faits qui sembleront peut-être à nos lecteurs d'un ordre trop particulier, s'ils n'avaient eu précisément une portée d'ordre tout à fait général.

C'est, en effet, à la maladie de M. l'abbé Piquet qu'on allait devoir l'arrivée d'un second prêtre, chargé de l'évangélisation de notre quartier.

Le bon M. Miramont, curé de Sainte-Anne, avait profité de la circonstance pour démontrer à l'Archevêché qu'un seul prêtre ne pouvait suffire aux travaux apostoliques que demandait la formation d'un centre religieux. Et voici comment, dans le courant d'octobre, M. l'archidiacre de Sainte-Geneviève envoyait aux Malmaisons un jeune prêtre ordonné en 1906, M. l'abbé Combescot.

Un Ancien.

X. — QUELQUES INITIATIVES QUI MARQUENT UN PROGRÈS. — LA VISITE DE MONSEIGNEUR AMETTE (1907).

Les Œuvres allaient pouvoir continuer leur développement du fait que deux prêtres pourraient désormais y employer tout leur temps et toute leur activité.

M. l'abbé Combescot dut pourtant attendre quelques semaines avant de s'établir définitivement « aux Malmaisons ». Dès l'abord, M. l'abbé Piquet et M. l'abbé Combescot avaient résolu de vivre « en communauté », dans les locaux de l'Œuvre ; mais toutes les salles du patronage des garçons avaient déjà leur affectation, et M. l'abbé Combescot dut faire construire une petite chambre, en utilisant l'espace laissé libre dans un coin de la cour derrière la « baraque des jeux ».

Quant à la salle à manger et à la cuisine dont on se servirait en commun, point n'était besoin de s'en préoccuper : depuis quelques semaines, le concierge du patronage, ancien menuisier, « le grand-père » comme on l'appelait au patronage avait séparé par des planches un coin du préau qui se trouvait à droite de l'entrée sur la rue Gandon et ce petit « enclos » servait de cuisine et de salle où l'on prenait ses repas et où l'on avait également établi le contrôle. C'était peu luxueux et le dimanche, lorsque les jeunes gens partageaient le repas de la communauté on était bien serré, mais la bonne humeur et l'entrain faisaient oublier la pauvreté du local !

⁂

La rentrée des catéchismes de 1906 marqua un progrès au point de vue du nombre. Elle avait été bien préparée par les jeux d'été et les promenades des vacances dont nos archives conserveront d'intéressantes photographies ; et c'est ainsi que la première année de catéchisme comprenait 25 garçons et 12 filles alors que la première communion n'avait eu que 9 garçons et 7 filles.

Les parents eux-mêmes intéressés à l'œuvre poursuivie auprès de leurs enfants venaient plus nombreux à la messe du dimanche. Aussi dès le 1er janvier 1907, une circulaire parcourut le quartier indiquant que désormais en plus de la messe du patronage des garçons (9 h.) et celle du patronage des filles (10 h.), il y aurait chaque dimanche une messe à 8 heures dans la chapelle de l'avenue de Choisy.

La pénétration dans le quartier était soutenue par des visites fréquentes aux familles des enfants et par le contact qu'entretenaient avec les parents les séances récréatives et les conférences parmi lesquelles il faut noter celle que fit Henri Bazire, en février 1907, sur la vitalité de l'Eglise malgré les persécutions dont elle fut toujours l'objet.

C'est aussi de l'année 1907 que date notre journal l'*Ami des Malmaisons*. Il commença bien modestement en mars ; ses premiers numéros étaient dactylographiés et reproduits dans l'Œuvre même, au duplicateur. Dans son premier article, M. l'abbé Piquet exprimait son désir de voir ce petit journal devenir l'ami des enfants du patronage, de leurs parents et des bienfaiteurs de nos œuvres ; ses seize années d'existence semblent prouver que son désir s'est réalisé et laissent penser que notre cher journal fut un moyen d'action utile.

* *

Mais cette année marque surtout dans l'histoire de nos origines, par la première visite que Mgr Amette fit à nos œuvres le 9 juin 1907.

Mgr Amette alors coadjuteur du cardinal Richard avait bien voulu promettre à M. l'abbé Piquet qu'il viendrait lui-même donner le Sacrement de confirmation aux enfants afin de faire connaissance avec « les Malmaisons ».

Cette visite mérite d'autant plus d'être notée que ce fut ce jour-là que Mgr Amette comprit l'importance de notre petite chapelle pour le développement de l'action religieuse dans le quartier et qu'il conçut le projet qui devait recevoir un commencement de réalisation deux années plus tard (1).

Après les cérémonies de la Confirmation, on alla se réunir dans la salle des fêtes du patronage des garçons, la scène servit d'estrade, et c'est là que Mgr Amette, assisté de M. l'abbé Thomas alors archidiacre de Sainte-Geneviève et de M. l'abbé Miramont, curé de Sainte-Anne, écouta le rapport que M. l'abbé Piquet lut sur les œuvres des Malmaisons et aussi les petits discours de bienvenue qui lui furent présentés par un enfant au nom du patronage, par le « père Collet », dont nous aurons à reparler, au nom des ouvriers du quartier et par le père de M. l'abbé Piquet au nom des parents qui se pressaient dans la salle autour de leurs enfants.

Nous devions d'ailleurs recueillir plus tard, en 1910, des lèvres mêmes de Mgr Amette ses impressions sur cette visite. Nous citons les paroles mêmes de notre regretté archevêque :

« Vous avez rappelé, tout à l'heure, ma première visite aux Malmaisons. Je n'ai pas oublié l'impression à la fois douloureuse et consolante qu'elle m'a laissée.

Douloureuse, en voyant Notre-Seigneur Jésus-Christ abrité ici dans une chapelle si étroite et si pauvre qu'elle rappelait un peu trop son premier abri en ce monde, — et en voyant se presser dans cette enceinte dix fois trop petite des enfants, des parents, des bienfaiteurs et bienfaitrices qui ne pouvaient y trouver place et dont beaucoup furent obligés de rester à la porte.

---

(1) La pose de la première pierre de l'église Saint-Hippolyte eut lieu le 27 juin 1909.

Mais aussi une grande consolation se mêlait à ma peine et à ma tristesse en constatant tout le bien qui se faisait dans ce quartier par les soins de prêtres zélés, du bien qui s'était fait aussi, grâce aux âmes charitables qui étaient venues ici s'occuper des intérêts matériels, moraux, religieux de ce cher peuple d'ouvriers.

En voyant les résultats obtenus déjà par tous ces dévouements, en entendant les paroles qui jaillissaient du cœur de ces braves gens, dont l'un tout spécialement m'a laissé un souvenir auquel je ne puis songer sans être encore ému... un vœu germait dans mon cœur, et j'aurais pu m'écrier avec le prophète : oui je l'ai juré au Seigneur et je n'aurai de repos que je n'aie trouvé ici pour le Seigneur Jésus qui veut bien y habiter, une tente, un asile plus digne de lui et en même temps que nous n'ayons élevé pour ces travailleurs une maison de Dieu qui soit aussi la leur et qui puisse les recueillir en aussi grand nombre que nous souhaitons les voir venir... » (2)

Le projet de la construction d'une église était donc arrêté ; M. l'abbé Miramont, curé de Sainte-Anne, avait d'ailleurs lui-même insisté dans ce sens. Il fallait pourtant continuer au point de vue moral pendant quelque temps encore les « travaux d'approche » et pour faciliter l'activité de ses prêtres, Mgr Amette décida après avoir visité l'installation de la petite communauté que quelques aménagements seraient faits pour eux dans ce préau où l'on avait établi quelques pièces provisoires.

Mgr Amette bénit avec sa bonté accoutumée parents et enfants et tous gardèrent aux Malmaisons le meilleur souvenir de cette visite historique.

Un Ancien

---

(2) Discours prononcé par Mgr Amette lors de la bénédiction de l'église Saint-Hippolyte, le 1er mai 1910.

XI. — LA KERMESSE ET LA PREMIERE COLONIE DE VACANCES (1907).

« Les Malmaisons » continuaient d'ailleurs de progresser et une œuvre nouvelle allait débuter : celle des Colonies de Vacances.

Un pensionnat établi au Russey, dans le Doubs, voulait bien donner l'hospitalité au groupe d'enfants qui serait emmené en vacances, mais il s'agissait de trouver les subsides nécessaires pour subvenir aux frais du voyage et du séjour à la campagne.

M. l'Abbé Piquet avait pensé qu'une « Kermesse », qui aurait à la fois le caractère d'une fête de gymnastique et d'une fête foraine, pourrait plaire aux habitants du quartier, amener la visite de quelques bienfaiteurs et contribuer pour une bonne part à recueillir la somme nécessaire à la Colonie de vacances.

Le projet décidé, on se mit à l'œuvre pour la préparation de cette journée.

Le « grand-père », ce bon concierge du patronage dont nous avons déjà parlé, fut heureux de pouvoir utiliser ses talents de menuisier pour la construction des baraques.

Les enseignes sur calicot qui devaient attirer les clients furent illustrés de dessins charmants... Au Grand Séminaire, M. l'abbé Delâtre et M. l'abbé Perruisseau y employèrent leur temps de récréation.

Il fallut aussi courir Paris pour acheter aux meilleurs prix de quoi achalander les boutiques et pour trouver les éléments nécessaires à l'organisation des attractions annoncées par le programme. Un exemplaire de ce dernier est resté dans nos archives et nous y voyons qu'on promettait aux visiteurs : Pêche aux surprises - Glaces - Grande roue de la Fortune - Tombola des petits oiseaux - Manège - Guignol - Animaux savants - Cinématographe, etc.

Avec un tel programme, les enfants du patronage firent eux-mêmes autour d'eux une excellente propagande et se chargèrent de placer chez les commerçants du quartier et chez leurs voisins et amis les billets d'entrée qui, vendus au prix de 0 fr. 10, donnaient droit à « une grande tombola » !

La veille de la Kermesse, on vit arriver, rue Gandon, une voiture contenant des oriflammes, des drapeaux et des mâts dont l'un dépassait sensiblement les autres : c'était le « mât de cocagne », savamment enduit de savon noir pour augmenter les difficultés de l'ascension ; mais cela pourrait-il gêner nos grimpeurs, toujours nombreux au patronage, autrefois comme aujourd'hui !

Tous, abbés et confrères travaillèrent jusqu'à une heure avancée dans la nuit pour mettre les baraques en état, fixer les enseignes, aménager les salles. Enfin, le dimanche matin, tout était prêt... et on avait beau temps.

La fête réussie parfaitement, les sociétés de gymnastique, arrivant de l'avenue d'Italie par le passage Raymond, clairons et tambours en tête, mirent le quartier en fête, la cour se remplit bien vite. On s'amusa en famille, et cette journée eut d'heureux résultats moraux qui n'avaient pas été visés directement ; elle fut l'occasion d'une sympathie plus grande de la part des parents, elle fournit l'occasion d'un point de contact, dans des conditions très favorables avec des habitants du quartier qui étaient restés éloignés jusque-là de la zone d'influence morale de nos Œuvres. Les enfants eux-mêmes se sentaient tout fiers d'appartenir à un patronage où leurs parents et leurs amis s'étaient si bien récréés. Cette fête avait donc été utile pour développer encore cet esprit de famille qui était le caractère distinctif de l'Œuvre et qui devait si bien servir à la formation d'un noyau paroissial.

* *

Les « Colons » furent choisis au nombre

de quinze parmi les aînés du patronage (1), et, le 26 août, à 6 heures du soir, une tapissière, mise à notre disposition par le père de deux des enfants de la colonie, venait chercher la petite troupe pour la conduire à la gare de Lyon.

M. l'Abbé Lalanne, qui était si aimé au patronage pour l'animation qu'il savait donner aux jeux, accompagnait M. l'Abbé Piquet pour le seconder dans la direction de la colonie.

A la gare, on retrouvait deux confrères : MM. Dadu et Andfrais, qui avaient tenu à aider au transbordement des bagages et qui restèrent avec les enfants jusqu'au départ du train.

Et maintenant, en route pour Morteau où l'on quittera la grande ligne pour prendre un petit chemin de fer départemental qui débarquera la colonie au Russey, le lendemain matin à 9 h. 1/2.

Les journées de vacances furent facilement occupées par de nombreuses excursions en ce pays si pittoresque. Le compte rendu de cette première colonie relate des promenades qui comprenaient jusqu'à 26 kilomètres.

Les colons étaient de bons marcheurs et l'on put ainsi visiter Cerneux-les-Monnots, Biaufonds, le Saut-du-Doubs, les Echelles de la Mort, le gué des Graviers, que l'on traversait avec tant de plaisir parce que, de l'autre côté, on se trouvait en Suisse !

Les meilleurs marcheurs poussèrent une pointe en ce pays étranger jusqu'à la Chaux-de-Fonds.

Avec quel cran on gravissait les collines ardues, on suivait les sentiers escarpés, on escaladait les rochers sur les rives sauvages du Doubs.

On se reposait un peu au cours de ces promenades, en allant saluer Notre-Seigneur

---

(1) Trois d'entre eux ont été tués à la guerre : Georges Behr, Paul Kreb, Georges Villiod.

lorsqu'on passait près d'une église, ou en demandant l'hospitalité pour quelques instants dans une ferme : le temps de boire un peu de lait, de refaire ses joues par un bon goûter !

Des avis, des conseils d'éducation, des aperçus d'ordre religieux étaient donnés au moment d'une halte ; et, au retour, les chants de route étaient, pendant quelque temps, interrompus pour permettre la récitation du chapelet.

Les lendemains des grandes excursions, on allait se reposer dans les bois de sapins où l'on cueillait assez de fraises pour en remplir des chapeaux entiers. Heureux pays !

Les enfants étaient vraiment impressionnés par la beauté des sites, par l'esprit chrétien et très hospitalier des habitants, par les inscriptions en tuiles rouges qui se détachent sur le toit des maisons et laissaient lire ces mots : « Tout pour Dieu » ou « Dieu seul ! »

Aussi, l'auteur du compte rendu pouvait-il écrire au soir d'une de ces bonnes journées :

« Lorsque, le soir venu, il faut songer à regagner notre demeure, tandis que le soleil couchant jette sur toute la nature qui nous entoure une vague lueur rose, tandis que des prés et des bois s'élève une sorte de murmure que domine le ton clair des clochettes qui s'agitent dans le lointain, les enfants regardent le ciel si pur et se laissent envahir par cette grande paix qui les entoure. Leurs cœurs s'élèvent vers Dieu ; ils éprouvent le besoin de prier. Avec quelle ferveur fut dit alors en commun le chapelet sur la route du Grand Bois... Pendant quelques minutes, n'avions-nous pas senti Dieu !... »

Cette première colonie avait augmenté la charité entre ceux qui en avaient bénéficié ; elle avait fait comprendre aux jeunes Parisiens que la nature, l'œuvre du bon Dieu est bien belle et que l'âme est meilleure lorsqu'elle peut se ressaisir, grâce au cadre d'une vie ordonnée dans le calme de la réflexion et de la prière.

UN ANCIEN.

XII — UN EPISODE : ESSAI D'APOSTOLAT AUPRES DES CHIFFONNIERS.

A l'époque des origines de nos Œuvres, notre quartier possédait plusieurs « ilots » de chiffonniers qui émigrèrent depuis sur la zone ou aux confins des communes du Kremlin-Bicêtre et de Gentilly.

On sait que la vie du chiffonnier est bien différente de celle des autres ouvriers. Lisez plutôt la description qu'en fait M. Georges Mény dans l'opuscule qu'il a écrit sur « Le chiffonnier de Paris » :

« Debout dès trois ou quatre heures du matin, les chiffonniers courent en hâte vers le quartier où ils opèrent afin de pouvoir commencer leurs recherches dès cinq heures et demie en été et six heures en hiver.

« Quand on se rend à ce moment de la journée dans les cités habitées par eux, on assiste à un spectacle qui est loin d'être banal. C'est toute une file de mauvaises carrioles attelées d'un pauvre âne boiteux ou d'un vieux cheval étique. Le chiffonnier, sa femme, ses enfants y sont installés tant bien que mal, plus ou moins endormis encore et se réveillent lentement à la fraîcheur du matin... »

Aussi bien, leurs heures de travail, leurs coutumes particulières, leur mise et leurs mœurs sont loin de faciliter leurs rapports avec ceux qui ne partagent pas leur profession ; « il est plus exact, conclut M. Georges Mény, de considérer le chiffonnier comme faisant partie d'une race à part, exerçant sa profession de père en fils, massé en quelques quartiers déterminés, comme en autant de fiefs exclusivement fermés... »

* *

Et cependant, parmi ces chiffonniers, il y avait des baptêmes à faire, des enfants à catéchiser, des mariages à régulariser, des malades à rapprocher du bon Dieu !

M. l'abbé Piquet s'en préoccupait et cherchait un point de contact pour exercer son ministère auprès d'eux. Il pensa le trouver sur le terrain professionnel et après avoir observé leur vie, visité d'autres groupements, causé avec plusieurs d'entre eux, il résolut de réunir les chiffonniers du quartier dans une coopérative pour la vente de leurs marchandises.

Plusieurs chiffonniers voisins furent invités à une première réunion par un des leurs, bon vieillard qui aimait les Malmaisons, venait souvent faire visite à M. l'abbé Piquet et qu'on appelait le « Père Collet ».

L'idée exposée plut à ceux qui avaient répondu à la convocation et ceux-ci durent en parler autour d'eux, car — chose inattendue — le Syndicat des Chiffonniers, affilié à la C. G. T. s'émut des projets élaborés!

Et c'est ainsi qu'une après-midi, M. l'abbé Piquet vit arriver, rue Gandon, deux délégués du syndicat qui venaient le questionner sur ses intentions. La réponse donnée les satisfit sans doute puisque quelques jours après, un article paraissait à ce propos dans le journal du syndicat, *Le Réveil des chiffonniers* (1), signé de l'un des enquêteurs. Nous

(1) Numéro du mois de décembre 1907.

citerons cet article, après avoir toutefois prévenu nos lecteurs qu'il ne faudrait pas prendre au pied de la lettre les violences de style qu'il contient : les termes, dans ce métier dépassent généralement la pensée. Voici donc ce qu'on y lisait : « Il est intéressant de faire connaître aux camarades les offres d'un homme qui, par le costume qu'il porte, devrait être l'ennemi des basses classes comme la nôtre, et qui au contraire aurait l'air de se porter en défenseur du petit.

« Certains camarades du XIIIe nous ont communiqué qu'un certain abbé s'offrait pour aider les camarades du dit quartier dans la lutte que nous avons à soutenir... vous savez que c'est dans ce quartier que notre marchandise est la plus mal payée... J'ai été, avec le camarade Buaillon, voir le dit abbé qui nous a assuré de son entière bonne foi, ne cherchant aucunement à faire un bénéfice quelconque pour lui... »

Il y avait là une révélation pour ces pauvres gens bien ignorants des sentiments qui animent le prêtre ! Cet article intéressa plusieurs journalistes qui en parlèrent ; et « Junius » en fit le thème d'un de ses fameux « billets » dans l'*Echo de Paris* (27 juillet 1908). Approuvant cette action sociale du prêtre, il concluait : « Le peuple finira par comprendre que leur *costume* n'en fait pas des ennemis des ouvriers, mais au contraire, leurs défenseurs naturels. »

Les subsides nécessaires pour la mise en train arrivèrent grâce à la générosité de M. le comte Pierre de Kergolay, de M. l'abbé Dillenséger, alors curé de Notre-Dame-de-Lorette, de M. Leroux, dont nous avons déjà eu l'occasion de parler.

La coopérative fut déclarée officiellement le 7 mars 1908, sous le numéro 153.036 ; elle prit le nom d' « Union Indépendante des Chiffonniers du XIIIe » et établit son siège social 18, rue Gandon.

Chaque matin, après la cueillette dans les poubelles, les adhérents apportaient au siège « leur camelote », c'est-à-dire les objets récoltés, qui étaient payés au prix du jour. A tour de rôle les coopérateurs venaient dans l'après-midi, sous la direction du Père Collet, faire le tri des marchandises, disposer celles-ci en tas et faire les ballots qui devaient être vendus aux marchands en gros.

Ceux-mêmes qui ne faisaient pas partie de la coopérative bénéficièrent de son action : l' « Union Indépendante des Chiffonniers », supprimant un intermédiaire, pouvait acheter à un prix plus élevé que les maîtres-chiffonniers, et ceux-ci, pour soutenir la concurrence, durent élever leurs prix.

Malheureusement, au bout de quelques mois, le « Père Collet », déjà âgé, tomba malade, et son autorité morale ne put être remplacée.

C'est ainsi que l'effort commencé ne dura pas aussi longtemps qu'on l'eût souhaité.

Du moins, le prêtre avait pu voir plus facilement ces familles, s'occuper des enfants, de leur préparation à leur première communion, préparation qu'il fallait, d'ailleurs, faire en dehors du catéchisme ordinaire, les enfants des chiffonniers ne pouvant s'habituer, non plus que leurs parents, à vivre avec ceux qui n'étaient pas « du milieu » !

UN ANCIEN.

XIII. — LE GROUPEMENT DES HOMMES ET « L'ASSOCIATION FAMILIALE DES MALMAISONS » — UN OUVROIR POUR LES MÈRES DE FAMILLE. — ORGANISATION D'UNE COLONIE DE VACANCES A SAINPUITS. — LES MALMAISONS ET « L'UNION DES ŒUVRES DU XIIIe (1908).

Au début de l'année 1908, et à la suite d'une conférence d'Henri Bazire, l'idée fut lancée d'organiser des réunions spéciales pour les hommes.

On décide de former une sorte de Cercle où les pères de nos enfants du patronage et les amis du quartier se retrouveraient, une fois par mois, dans une des salles de l'Œuvre.

M. l'abbé Piquet fut aidé dans la réalisation de ce projet par M. Pierre de Kergorlay et par M. de Mérona ; une convocation fut envoyée, et, le 16 février, eut lieu une première réunion qui prit aussitôt un caractère très familial.

Le cercle des hommes conserva cet esprit ; c'est ce qui avait frappé un des conférenciers invité à venir faire la petite causerie qui terminait chacune des soirées et qui permettait de joindre l'utile à l'agréable.

M. Parsy écrivait en effet, à propos de nos réunions, dans le journal *La Croix* (28 juillet 1908) : « Dans ce milieu, la conférence est vraiment une conversation avec ceux qui forment l'auditoire. Tout d'ailleurs y oblige. Ne croyez pas que le conférencier fasse son entrée dans une salle où tout le monde est rangé comme en classe ou au théâtre : le conférencier arrive, on chantait en l'attendant, on faisait grincer le phonographe, on jouait du piano ; quelques-uns jouaient aux cartes tout bonnement.

« ...Devant une telle assistance, il faut laisser de côté tout ce qui serait trop grand genre et descendre simplement au ton familier de la causerie. Cela d'ailleurs n'exclut ni la grandeur des sentiments, ni l'élévation des idées que peut exprimer le conférencier... »

Assez vite, les habitués de ces petites réunions formèrent le projet d'établir entre eux un lien de mutualité : le groupement s'organisa en association déclarée : « L'Association familiale des Malmaisons », et, conformément à l'art. 2 de ses statuts qui lui permettaient « de créer des œuvres nécessaires au but qu'elle se proposait », on forma une *Caisse mutuelle* où, non seulement le père, mais tous les membres d'une famille pouvaient verser. La cotisation mensuelle était fixée à 1 fr. pour le père ; 0 fr. 75 pour la mère et 0 fr. 25 pour chacun des enfants. Les avantages donnés aux adhérents de la Caisse mutuelle étaient les suivants (art. 13 des statuts) :

1° La visite gratuite du médecin à domicile ou la consultation chez lui en cas de maladie ;

2° Les médicaments gratuits ;

3° La recherche d'emplois pour les associés sans ouvrage ;

4° Une indemnité de 1 fr. par jour de maladie pour les hommes ; de 0 fr. 75 pour les femmes pendant un mois quand la maladie empêche tout travail.

Est-il utile de rappeler à nos lecteurs que, pour apprécier ces chiffres, il faut se souvenir qu'il s'agit des temps d'avant guerre ?

Cette Caisse mutuelle rendit de sérieux services pendant six années, et c'est seulement la guerre qui, en août 1914, vint mettre un terme aux versements, par conséquent à la vie de cette organisation.

Œuvre « d'approche », cette mutualité gagna la sympathie de familles qu'il aurait été souvent impossible d'atteindre directement, le versement mensuel ramenait le contact avec le père de famille chaque mois, le faisait venir au Cercle des hommes et lui donnait l'occasion d'entendre exprimer quelques bonnes idées d'ordre religieux, familial ou social.

De plus, cette œuvre de mutualité en cas de maladie permettait au prêtre d'être prévenu aussitôt : tout naturellement et sans étonner, il allait prendre des nouvelles du « sociétaire », son ministère était facilité d'autant si la maladie s'aggravait.

☘ ☘

Pendant que les hommes s'organisaient, nos Œuvres n'avaient garde d'oublier les besoins des mères de famille. Celles-ci profitaient déjà, comme nous l'avons vu, des avantages d'une section de la Mutualité maternelle et d'un petit dispensaire. Mme de Boury, à qui ces œuvres féminines devaient déjà beaucoup, eut l'idée de procurer « un salaire d'appoint » aux femmes retenues chez elles par le soin de leurs enfants et la tenue de leur ménage ».

Tout d'abord, un ouvroir réunit l'après-midi du samedi un certain nombre de dames patronnesses et de mères de famille du quartier. Les premières apprenaient à celles-ci l'art de confectionner des tabliers et des objets nécessaires au trousseau de leurs enfants. Outre les bienfaits d'une formation pratique souvent très nécessaire pour les intéressés, ces rencontres hebdomadaires avaient d'ailleurs l'avantage de mettre en contact des âmes qui s'ignoraient pour le plus grand profit de toutes.

Puis l'œuvre progressa, et il fut distribué aux adhérentes des travaux faciles qu'elles faisaient à domicile, de façon à augmenter un peu les ressources de leur maigre budget, sans abandonner le soin du foyer familial.

* *

Aux vacances de la même année, grâce à l'aimable hospitalité que lui offrit M. de Kergorlay, l'Œuvre des Colonies de Vacances, qui avait débuté l'année précédente « en terrain étranger », put se livrer et travailler à établir des traditions, une des grandes forces morales des colonies de vacances.

Désormais, chaque année, l'école libre de Sainpuits, établie dans les dépendances du vieux château du Mez, verra d'heureux colons venir passer de saines et bienfaisantes vacances.

M. l'abbé Lalanne, encore séminariste et toujours très aimé des enfants, put, encore cette année-là, aider M. l'abbé Piquet dans la direction de la colonie, comme il l'avait fait l'année précédente pour celle organisée au Russey. Devenu prêtre l'année suivante, il devait laisser la place à M. l'abbé Barmont, dont on ne peut taire le nom quand on parle de Sainpuits, tant son souvenir est resté attaché à cette colonie et gravé dans le cœur des colons qui se succédèrent pendant plusieurs années.

Nous nous permettrons encore ici une citation, celle d'une lettre dans laquelle un ancien colon de Sainpuits, devenu jeune homme, exprimait, à la fin de la guerre, ses impressions de colonie, bien des années après y être allé à l'âge de 11 ou 12 ans :

« ...Ces trois semaines passées à Sainpuits me sont toujours présentes à la mémoire ; pourtant, il y a dix ans de cela. Comme j'aime merappeler ces courts instants passés en vacances ; je revois le vieux château, la ferme, les bonnes promenades que nous faisions : Saint-Fargeau, la baignade à « Malmaisons-Plage » ! De tout, ce que j'aimais encore le mieux, c'était la prière au Calvaire (1), dans le calme du soir. Nul lieu n'était mieux choisi pour prier ; combien de fois mes yeux se sont portés vers le ciel constellé d'étoiles, admirant la puissance de Dieu. Quel idéal pour un enfant ; on ne peut pas faire le mal quand on a été ainsi favorisé !... » Ces lignes disent mieux que nous ne saurions le faire, les fruits précieux de ces colonies.

❧ ❧

Tout cet ensemble avait permis aux « Malmaisons » de prendre une place honorable parmi les Œuvres du 13ᵉ arrondissement.

Aussi, lorsque, en cette année 1908, le docteur Mangenot voulut établir une « Union des Œuvres d'Assistance du 13ᵉ arrondissement », le Directeur des Œuvres des Malmaisons fut invité aux premières réunions qui préparaient l'organisation de cette Union ; et, dans le premier bureau élu, le secrétaire fut choisi parmi les représentants de nos œuvres : M. Leroux, actuellement vicaire à N.-D.-Auxiliatrice de Clichy, remplit ces fonctions pendant plusieurs années avec cet esprit de méthode et ce dévouement désintéressé dont nos œuvres ont tant bénéficié avant son entrée au Séminaire (2).

Ainsi nos chères œuvres des Malmaisons, en travaillant avec persévérance à l'éducation des enfants, en cherchant à répondre aux différents besoins d'ordre religieux, moral ou matériel des habitants du quartier, avaient acquis, peu à peu, l'estime et l'affection d'un bon nombre.

Le terrain n'était-il pas préparé pour la formation d'un nouveau centre religieux ?

Un Ancien.

---

(1) A Sainpuits, la prière se fait chaque soir en plein air, au bord de la route, près d'un Calvaire. La récitation de la prière est suivie du chant de l'*In manus tuas* et d'un cantique à la Sainte Vierge.

(2) La paroisse Saint-Hippolyte a gardé une place importante dans l'estime des Œuvres du 13ᵉ arrondissement, et M. le Curé de Saint-Hippolyte (M. l'abbé Labourt, puis M. l'abbé Gaston) reste le vice-président de cette union dont le siège est à la mairie de l'arrondissement.

XIV. — LA CONSTRUCTION DE L'EGLISE EST DECIDEE. — M. L'ABBE GEORGES WIESNEGG VIENT EN REALISER LE PROJET. — LA POSE DE LA PREMIERE PIERRE. — LA BENEDICTION DE L'EGLISE SAINT-HIPPOLYTE.

Dès cette année 1908, Mgr Amette avait fait part de ses projets dans une réunion organisée par l'Œuvre des chapelles de secours.

Le journal l'*Eclair* donnait le compte rendu de cette assemblée dans son numéro du 19 mai.

Après avoir résumé le rapport annuel de l'œuvre fait par M. Georges Picot, membre de l'Institut, l'auteur de l'article ajoutait :

« Le rapport terminé, Mgr Amette, dans une improvisation éclairée par sa vive intelligence, échauffée par son cœur d'apôtre a vivement impressionné son auditoire :

« Les catholiques de Paris ont, dit-il, un impérieux devoir à remplir : c'est de créer dans la capitale de nouveaux centres religieux. C'est aussi mon premier devoir de pasteur. Je suis débiteur devant Dieu de toutes ces âmes placées dans une impuissance matérielle absolue d'être évangélisées. Cette pensée est une de mes plus constantes préoccupations... »

Mgr Amette exposa alors les résolutions déjà arrêtées et les projets étudiés pour la création de nouvelles paroisses et de nouveaux centres religieux.

A Paris, on bâtirait quatre nouvelles églises : à Ménilmontant — dans le quartier des Epinettes — rue Dutot — et aux Malmaisons... (1) »

---

(1) Tous ces projets ont été réalisés dans la suite par la construction de N.-D. de Lourdes, Saint-Joseph des Epinettes, Saint-Jean-Baptiste de la Salle et Saint-Hippolyte.

C'est sans doute pour répondre à l'appel de son archevêque, que M. de Mun, quelques mois plus tard, alla visiter lui-même plusieurs œuvres de faubourg et de banlieue qui étaient appelées à devenir de nouveaux centres religieux. Il vint aux Malmaisons en janvier 1909 et il fit part de ses impressions aux lecteurs de l'*Echo de Paris*, dans un article intitulé « Excursion sociale » et inséré le 12 février 1909.

Poursuivant l'exécution de ses projets, Mgr Amette, dès le mois de décembre 1908, demandait à M. l'abbé Georges Wiesnegg dont il appréciait les qualités d'esprit et de cœur, de prendre la direction des œuvres et de travailler à la réalisation de son désir.

Il fut d'abord décidé que l'église serait construite sur le terrain occupé jusque-là par le patronage des jeunes filles. M. l'abbé Wiesnegg enleva donc au patronage des garçons une partie de sa grande cour pour la donner en dédommagement à l'œuvre des jeunes filles ; un mur de séparation s'éleva et de nouveaux bâtiments furent construits pour les salles de réunion. En quelques mois, le nouveau patronage des jeunes filles était terminé et M. l'archidiacre de Sainte-Geneviève venait en bénir les locaux et les inaugurer le 25 avril 1909.

Quelques jours auparavant (4 avril) la note suivante avait paru dans les journaux :

« La commission diocésaine d'architecture, dans sa dernière réunion a examiné un projet de construction d'une église à édifier à l'une des extrémités de la paroisse Sainte-Anne de la Maison-Blanche, sur le terrain des Œuvres des Malmaisons. Le projet a été présenté par M. Astruc, l'architecte distingué de l'église Notre-Dame du Travail de Plaisance ».

Il fallut déterminer aussi le titre qui serait donné à la nouvelle église ; il y eut plusieurs propositions et plusieurs désirs exprimés.

Mgr Amette choisit entre tous celui de

Saint-Hippolyte, parce qu'il voulait faire revivre le nom de l'église qui existait sous le vocable de ce saint martyr avant la Révolution, sur l'emplacement actuel du boulevard Arago, près du carrefour de l'avenue des Gobelins et du boulevard de Port-Royal.

Tout était disposé pour la mise en train des travaux. Afin de les mieux diriger, M. l'abbé Wiesnegg était venu s'installer dans les bâtiments de l'avenue de Choisy dont le rez-de-chaussée servait d'ailleurs toujours de chapelle provisoire.

On creusa et on commença les fondations. Celles-ci arrivèrent rapidement au niveau du sol, et, le 27 juin 1909, en présence d'une foule nombreuse et sympathique, avait lieu la cérémonie de la bénédiction de la première pierre de la nouvelle église.

Voici le libellé du procès-verbal de cet événement qui est une date importante dans l'histoire des « Origines » de notre chère paroisse :

« L'an de grâce mil neuf cent neuf, le vingt-septième jour du mois de juin, nous, soussigné, Edouard Thomas, vicaire général, archidiacre de Sainte-Geneviève, attestons avoir béni solennellement la première pierre de l'église Saint-Hippolyte.

« Cette cérémonie a eu lieu en présence de M. le Chanoine Miramont, curé de Sainte-Anne de la Maison-Blanche, de M. l'abbé G. Wiesnegg, directeur, de MM. les abbés Piquet et Combescot, aumôniers des Œuvres des Malmaisons, de M. le Chanoine Piot, vicaire général, et d'une nombreuse assistance de prêtres et de fidèles.

On sait que cette « première pierre » se trouve derrière le maître-autel, au bas de l'ogive qui forme le fond du chœur.

Le jour de sa bénédiction, elle était entourée de plantes vertes et de fleurs, elle était surmontée d'une grande croix que l'on a conservée dans notre chapelle des catéchismes.

On sortit en procession de la chapelle provisoire. M. l'Archidiacre était précédé des Enfants de Marie entourant leur bannière et des enfants de chœur. Une haie était formée par nos gymnastes, tambours et clairons en tête.

M. l'Archidiacre de Sainte-Geneviève scella dans la pierre un petit coffret contenant un parchemin sur lequel on lisait l'inscription dont le texte a été publié dans l'*Ami des Malmaisons* du 10 juillet 1909.

* *

La cérémonie se termina par la bénédiction du Saint-Sacrement donnée en plein air dans la cour du Patronage des Garçons où un autel avait été dressé sous le préau, placé alors à l'endroit où se trouve maintenant l'atelier d'apprentissage.

On chanta le *Magnificat !*

Comme ce chant correspondait bien aux sentiments qui étaient dans tous les cœurs. On sentait le besoin de remercier Dieu des progrès réalisés depuis le jour où la roulotte avait été amenée sur le terrain de la rue Gandon !

Le grain de sénevé avait grandi... il devait grandir encore, car en moins d'un an la construction de la première partie de l'église (chœur et 4 travées) allait se terminer ; le 1er mai 1910, Mgr Amette venait lui-même en faire la bénédiction solennelle.

Les Œuvres des Malmaisons allaient faire place à la paroisse Saint-Hippolyte : le temps des « Origines » était terminé.

Un Ancien.

FIN.

Nous sommes bien assuré d'être l'interprète de tous nos lecteurs qui ont suivi avec un vif intérêt ce récit de nos « Origines » en remerciant l'auteur des articles, que chacun aura reconnu sous la signature d' « Un Ancien ». *M. l'abbé Piquet, 1er vicaire, était mieux que personne qualifié pour nous retracer l'histoire des premiers développements de nos œuvres, auxquels il a pris une si large part.*

J. G.

www.ingramcontent.com/pod-product-compliance
Ingram Content Group UK Ltd.
Pitfield, Milton Keynes, MK11 3LW, UK
UKHW021505260726
13993UKWH00004B/1561

9 782329 201412